LES MONSIEUR MADAME

MADAME

MA MAMAN

Pour…

De la part de…

LES MONSIEUR MADAME

MA MAMAN

Roger Hargreaves

hachette
JEUNESSE

Dès qu'elle est réveillée, ma maman
illumine ma journée.

Elle est comme madame Bonheur un jour nuageux.

Ma maman peut faire plusieurs choses en même temps, comme par magie.

Quand elle me
raconte une histoire,
j'ai l'impression
de la vivre vraiment.

Ma maman est très gentille et elle aime bien bavarder.

Mais elle sait aussi très bien écouter,
surtout quand je lui parle.

Ma maman est très curieuse et parfois,
elle pose beaucoup de questions.

Elle est pleine de sagesse et elle connaît
beaucoup de choses.

Ma maman sait quand j'ai faim.

Et quand j'ai besoin de dormir.

Ma maman peut être très étonnante,
elle me fait toujours rire.

Elle devine toujours quand j'ai besoin d'un câlin et c'est elle qui fait les meilleurs.

Ma maman est très belle.

Et elle a plein de choses intéressantes rangées
dans des boîtes mystérieuses.

Ma maman adore manger des gâteaux, comme moi.

Parfois, elle a besoin d'un peu de temps pour elle.

Ma maman peut être un peu canaille.

Mais elle est aussi
adorable.

Ma maman est très amusante et elle adore les fêtes d'anniversaire.

Elle joue super bien à plein
de jeux comme cache-cache.

Et ma maman est une excellente danseuse.

Même quand les choses se passent mal, elle réussit toujours à me faire sourire.

Quand elle pouffe de rire, j'ai envie de rigoler aussi.

Quand je rends ma maman heureuse, elle saute de joie !

Personne ne ressemble à ma maman,
même si parfois, j'aimerais qu'il y
en ait deux comme elle.

Ma maman est aussi extraordinaire qu'une princesse.

Ma maman m'aime et j'aime ma maman.

MA MAMAN

Ma maman ressemble beaucoup à madame ....

....

J'aime beaucoup quand ma maman me lit ....

....

Ma maman me fait rire quand ....

....

Elle sait toujours quand ....

....

Ma maman est très gentille parce que ....

....

Ma maman est très drôle et elle aime ....

....

Elle adore jouer avec moi à ....

....

Je vois qu'elle m'aime quand ....

....

Les câlins de ma maman sont les meilleurs parce que ....

....

Voici un dessin
de ma maman :

par ....

âgé de ....

Les papas aussi sont à l'honneur !

ROGER HARGREAVES

LES **MONSIEUR MADAME**

MON PAPA

Roger Hargreaves

MONSIEUR MADAME

hachette
JEUNESSE

Retrouve tes héros préférés dans d'autres aventures :

Une journée avec les Monsieur Madame

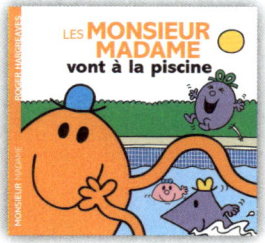

Les Monsieur Madame à travers les âges

RÉUNIS VITE LA COLLECTION ENTIÈRE

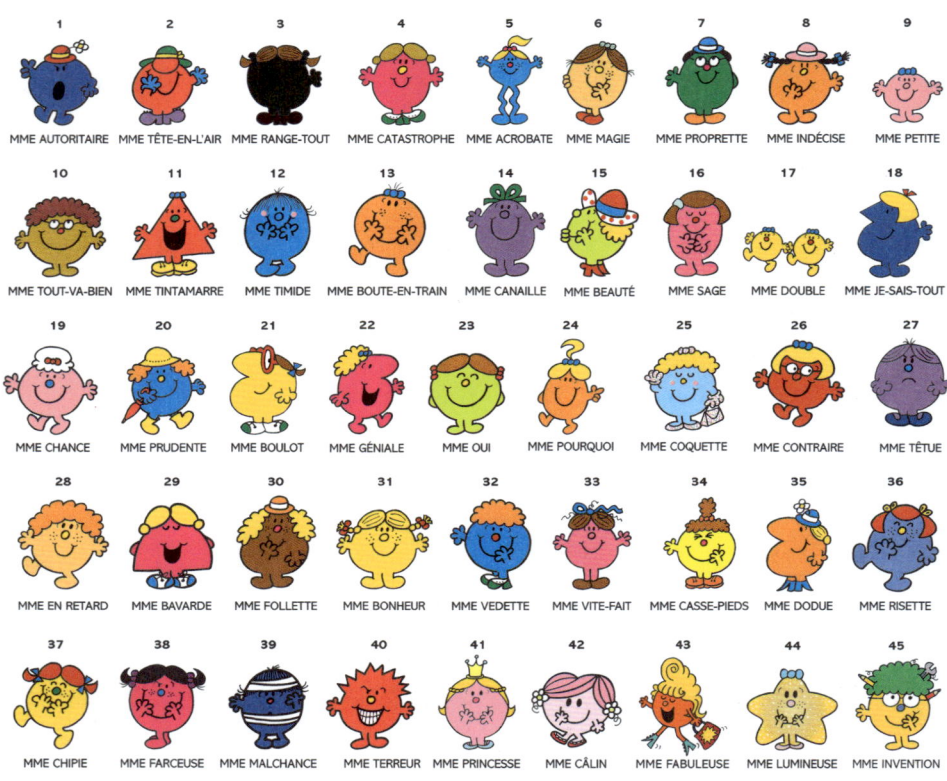

1 MME AUTORITAIRE
2 MME TÊTE-EN-L'AIR
3 MME RANGE-TOUT
4 MME CATASTROPHE
5 MME ACROBATE
6 MME MAGIE
7 MME PROPRETTE
8 MME INDÉCISE
9 MME PETITE

10 MME TOUT-VA-BIEN
11 MME TINTAMARRE
12 MME TIMIDE
13 MME BOUTE-EN-TRAIN
14 MME CANAILLE
15 MME BEAUTÉ
16 MME SAGE
17 MME DOUBLE
18 MME JE-SAIS-TOUT

19 MME CHANCE
20 MME PRUDENTE
21 MME BOULOT
22 MME GÉNIALE
23 MME OUI
24 MME POURQUOI
25 MME COQUETTE
26 MME CONTRAIRE
27 MME TÊTUE

28 MME EN RETARD
29 MME BAVARDE
30 MME FOLLETTE
31 MME BONHEUR
32 MME VEDETTE
33 MME VITE-FAIT
34 MME CASSE-PIEDS
35 MME DODUE
36 MME RISETTE

37 MME CHIPIE
38 MME FARCEUSE
39 MME MALCHANCE
40 MME TERREUR
41 MME PRINCESSE
42 MME CÂLIN
43 MME FABULEUSE
44 MME LUMINEUSE
45 MME INVENTION

DES **MONSIEUR MADAME**

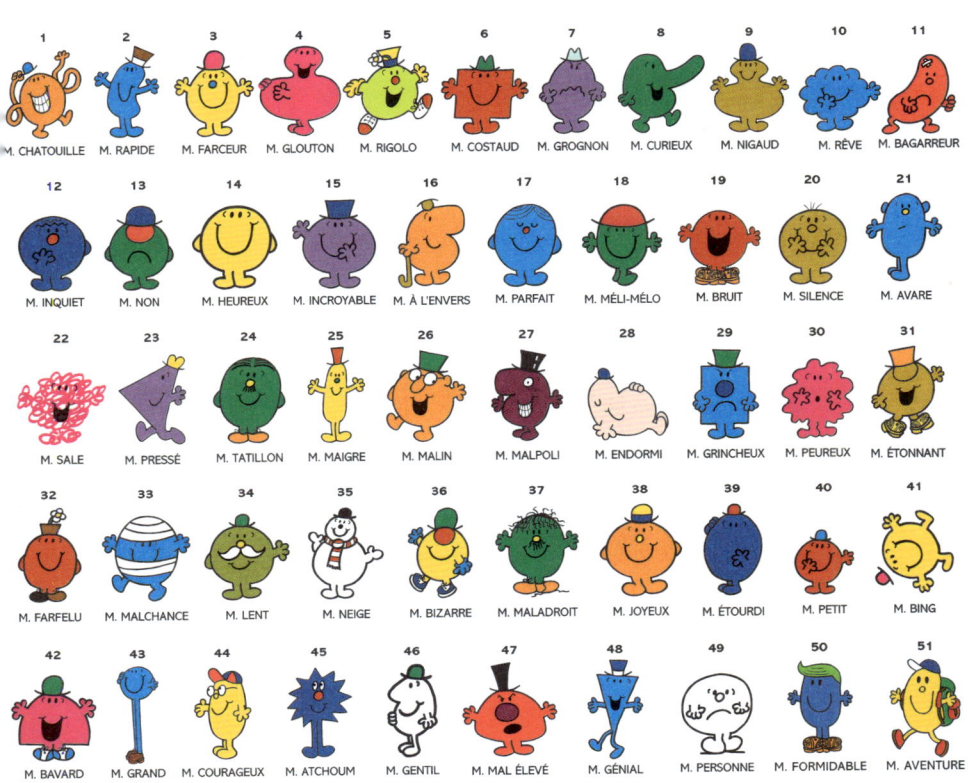

1 M. CHATOUILLE
2 M. RAPIDE
3 M. FARCEUR
4 M. GLOUTON
5 M. RIGOLO
6 M. COSTAUD
7 M. GROGNON
8 M. CURIEUX
9 M. NIGAUD
10 M. RÊVE
11 M. BAGARREUR

12 M. INQUIET
13 M. NON
14 M. HEUREUX
15 M. INCROYABLE
16 M. À L'ENVERS
17 M. PARFAIT
18 M. MÉLI-MÉLO
19 M. BRUIT
20 M. SILENCE
21 M. AVARE

22 M. SALE
23 M. PRESSÉ
24 M. TATILLON
25 M. MAIGRE
26 M. MALIN
27 M. MALPOLI
28 M. ENDORMI
29 M. GRINCHEUX
30 M. PEUREUX
31 M. ÉTONNANT

32 M. FARFELU
33 M. MALCHANCE
34 M. LENT
35 M. NEIGE
36 M. BIZARRE
37 M. MALADROIT
38 M. JOYEUX
39 M. ÉTOURDI
40 M. PETIT
41 M. BING

42 M. BAVARD
43 M. GRAND
44 M. COURAGEUX
45 M. ATCHOUM
46 M. GENTIL
47 M. MAL ÉLEVÉ
48 M. GÉNIAL
49 M. PERSONNE
50 M. FORMIDABLE
51 M. AVENTURE

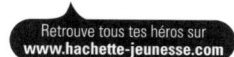
Retrouve tous tes héros sur
www.hachette-jeunesse.com

Édité par Hachette Livre, 58 rue Jean Bleuzen 92178 Vanves Cedex.
Dépôt légal : mai 2017.
Loi n°49-956 du 16 juillet 1949 sur les publications destinées à la jeunesse.
Achevé d'imprimer par Rotolito en Roumanie.